EMPATIA
TODO DIA

Apresentação

Quando eu decidi escrever "Empatia: Por que as Pessoas Empáticas Serão os Líderes do Futuro?" não fazia ideia do alcance que meus textos teriam. Alguns meses após ao lançamento, comecei a receber muitas mensagens emocionantes no meu Instagram, relatando histórias impressionantes sobre como as pessoas se identificavam com cada capítulo do livro.

Muitas mensagens eram alegres e dividiam como as pessoas passaram a vivenciar experiências positivas, outras falavam de angústias e histórias semelhantes às que eu contava.

Baseado nesses relatos decidi usar minhas redes sociais para escrever sobre as situações narradas e ajudar as pessoas a unir a Empatia ao Pensamento Crítico, que são duas habilidades do século XXI e enxergar as coisas simples que aconteciam em suas vidas sob uma perspectiva mais pragmática e analítica.

Este livro que está em suas mãos teve a mesma origem. Usei textos diretos em páginas destacáveis para quando o leitor achar que alguém precisa ler mais aquela mensagem do que ele, não necessite comprar um novo livro para a outra pessoa. Basta destacar aquela parte e dar como uma mensagem de Empatia.

Para fazer a capa do livro, convidei o artista plástico carioca Felipe Guga. Na verdade ele é o meu artista preferido da vida, basta pegar meu celular ou entrar na sala da minha casa que isso fica explícito.

Ter o Guga na capa do meu livro é a realização de um sonho que começou quando nos conhecemos na charmosa Galeria Úmida, que pertence ao amigo Márcio Regaleira, no Rio de Janeiro. Sua arte me toca de uma forma especial e aqui estamos nós juntos para levar bom ânimo e reflexão para o mundo.

Caso você se apegue muito ao projeto e não queira destacar as páginas, pode também postar em suas redes sociais usando a hashtag *#empatiatododia*, dessa forma, nos uniremos em comunidade para continuarmos espalhando Empatia por aí.

Jaime Ribeiro
@jaimeribeiro

VENCER MESMO é celebrar cada passo, cada esforço e dedicação. **VENCER MESMO** é ter gratidão por onde se chegou. Tem gente que chega ao topo e não é feliz. Aliás, tem gente que nunca está feliz com nada.

SER HUMANO É MAIS IMPORTANTE QUE SER IMPORTANTE

Enquanto você gasta tempo e energia tentando ser importante na vida,

a vida acha importante que você seja mais humano.

Tem gente que passa a vida tentando parecer grande e especial, mas intimamente sabe <u>que a alma ainda é bem pequena.</u>

ALGUNS DIAS

OUTROS DIAS

TEM DIA QUE VOCÊ SE SENTE NO CONTROLE DE TUDO DOMINANDO O SEU MUNDO

OUTROS DIAS SE SENTE PEQUENO, INSEGURO E INCAPAZ DE RESOLVER AS COISAS DA VIDA: TUDO BEM

LOGO LOGO TUDO VOLTARÁ AO NORMAL

SEU PRESENTE ERA VOCÊ ESTAR PRESENTE, MAS VOCÊ NUNCA COMPROU

Às vezes, queremos agradar os outros comprando coisas

Que saibamos ser donos do nosso tempo e doá-lo a quem amamos

Comprar coisas na rua é fácil, "comprar" coisas dentro de si mesmo é desapego

ESTEJA PREPARADO PRA **PERDER AMIGOS** QUANDO FOR CUIDAR DE SUA **ESPIRITUALIDADE** E SAÚDE MENTAL

A BOA NOTÍCIA
é que você ganhará NOVOS AMIGOS. Dê um até logo pra quem não entende as suas novas escolhas e julga sua reforma interior.

A VIDA
VAI AFASTAR

SILENCIOSAMENTE

QUEM NÃO ESTÁ NA
MESMA SINTONIA
QUE VOCÊ

(E ESSA ESCOLHA NÃO VAI SER SUA)

DEIXE A VIDA AGIR

A SELEÇÃO DA SINTONIA QUE VOCÊ ESCOLHEU PODE TER SIDO UMA FICÇÃO CRIADA PELAS SUAS NECESSIDADES OU ILUSÕES
DESAPEGUE E CONFIE QUE

JÁ DEU(S) CERTO

A ÚNICA
PESSOA
COM A QUAL
VOCÊ PODE
SE COMPARAR
É COM
VOCÊ MESMO

NO PASSADO

FREUD

SEJA GENTIL COM VOCÊ.

COMPARAR SUA VIDA REAL
COM A VIDA FICTÍCIA
DO OUTRO SÓ TRAZ
ANGÚSTIA E ANSIEDADE.
LIBERTE-SE DESSA
ARMADILHA E CONTINUE
FOCADO EM SEUS
OBJETIVOS.
NÃO SE COMPARE
A NINGUÉM.

NUNCA

TUDO
NÃO
TERÁS

Toda escolha
exige uma renúncia

NÃO DÁ PRA TER TUDO

Pense
sobre isso

EU ME DESCONSTRUO

PRA VIVER ESSE AMOR QUE EDIFICA DEIXO AS RUÍNAS DAQUILO QUE ME FIZERAM VIRAR CASA PRA LHE RECEBER

**devolver amor
pra vida
desarmar a guarda
jogar fora as
mortes emocionais
confiar, aceitar
e agradecer**

A GENTE ACHA QUE
CONHECE A PESSOA
NO PRIMEIRO
SORRISO
NA PRIMEIRA
GENTILEZA
MAS APENAS
NO FINAL
SABEMOS QUEM
ELA É

É NA INUTILIDADE PESSOAL
QUE CONHECEMOS AS PESSOAS.
QUANDO JÁ NÃO HOUVER MAIS INTE-
RESSE MATERIAL OU
EMOCIONAL, ALGUMAS
PESSOAS REVELARÃO A FORMA
COMO TRATAM A QUEM NÃO
SERVE MAIS AOS SEUS
PROPÓSITOS E DESEJOS ÍNTIMOS.

SAIA DE PERTO, RESSIGNIFIQUE
AS SUAS ESCOLHAS
E SAIBA QUE ISSO SE REPETIRÁ.
A VIDA FAZ ISSO PRA FORTALECER
NOSSO EQUILÍBRIO E ENSINAR A NÃO
FAZER O MESMO COM OS OUTROS.
SEJA BOM PRA QUEM NÃO TEM
MAIS UTILIDADE PRA VOCÊ.
SEJA GENEROSO NO FINAL.

TUDO PASSA

Na vida, se faz importante lembrar
a advertência de Maria:
Isso também passa

**Dias difíceis passarão
Dias felizes também
passarão**

O importante é compreender
que a vida é incrível e vai
nos presentear com momentos
de aprendizado pra
a nossa evolução

SABE AQUELA PESSOA QUE CONFUNDIU SUA **BONDADE** COM **FRAQUEZA?** PERDOE. CADA UM VÊ NO OUTRO O REFLEXO DE SUAS PRÓPRIAS IMPOSSIBILIDADES.

ALGUNS NÃO VÃO ENTENDER
POR QUE VOCÊ NÃO REVIDOU.
VÃO ESTRANHAR SUA
SERENIDADE ENQUANTO
ESPERAVAM POR UMA
REAÇÃO PROPORCIONAL
À VIOLÊNCIA USADA
CONTRA VOCÊ.
SUA CALMA PODERÁ SER
ROTULADA DE FRAQUEZA.
SUA SINCERIDADE PODERÁ
SER JULGADA DE
FORMA MALDOSA.
ESTÁ TUDO BEM.
AS PESSOAS TÊM O DIREITO
DE ENXERGAR OS OUTROS
PELAS LENTES TURVAS DE
SUAS PRÓPRIAS ANGÚSTIAS,
CONFLITOS E CULPAS.
VAMOS SEGUIR AGINDO POR
UM MUNDO MELHOR.

RESPEITE OS MAIS VELHOS

ELES SE FORMARAM SEM O **GOOGLE**

Quando eu vejo a galera mais jovem zoando com os pais e principalmente com os avós eu lembro dessa frase.
Queria ver como seria a vida de uma geração que usa tutorial pra tudo, que não consegue tomar uma decisão sem abrir o celular, se virar aprendendo a fazer tudo na raça, na intuição e principalmente, no amor.

SEUS DEFEITOS

SÓ SERÃO ARMAS PARA OS OUTROS

ENQUANTO VOCÊ **PRÓPRIO** NÃO OS RECONHECER.

Da mesma forma que me orgulho das minhas qualidades e vitórias, aceito meus erros, minhas limitações e meus defeitos.

Minha sombra faz parte de mim. Nela também me reconheço.

Sou essa mistura de acertos e erros. Tudo isso faz parte de mim.

A queda me forma, como um aprendizado, a glória me testa o orgulho e a vaidade. São dois ciclos de uma mesma jornada.

QUANDO NÃO FOR FÁCIL

MANIPULAR VOCÊ

VÃO TENTAR USAR OS OUTROS PRA QUE PENSEM MAL A SEU RESPEITO

PREPARE-SE:

NÃO SE AFETE.
O SILÊNCIO PRECEDE O TEMPO PRA REVELAR O ENDEREÇO DA RAZÃO E DAS BOAS INTENÇÕES.
TENHA TRANQUILIDADE PRA DIZER NÃO.
NUNCA NEGOCIE OS SEUS VALORES.

**NINGUÉM MUDA
PRA VOCÊ
POR VOCÊ
NEM POR
NINGUÉM
APRENDA**

Sem querer desanimar quem está cheio de esperança na mudança dos outros:
as pessoas só mudam quando querem.
Só melhoram quando a mente recebe o comando superior da vontade.

Você nasceu
Homo Sapiens,
não
Anjo Sapiens.

Se está doendo, talvez seja a hora de abandonar o papel de anjo dos outros e ser feliz cuidando de sua própria humanidade.

É BEM FÁCIL PERDOAR QUANDO A PESSOA ERRA COM VOCÊ POR BURRICE OU INOCÊNCIA.

DURO MESMO É PERDOAR A FALTA DE CARÁTER, O DISCURSO DIFERENTE DA PRÁTICA.

O caráter é uma escolha, portanto, a falta de caráter também. Por isso, é mais fácil perdoar a ignorância e a inocência. Por ser uma escolha, o caráter é produto da vontade, que é a força governadora de nossa mente.

A PESSOA É ASSIM PORQUE QUER, NÃO PORQUE NÃO SABE SER DE OUTRO JEITO.

No fundo, o mau caráter sabe que é uma farsa. Não se culpe por ainda ter dificuldade em perdoar. Não deseje o mal a ninguém e analise se seu discurso condiz com suas ações. Não seja um mau caráter também.

O VAMPIRO ATUAL
NÃO TEM MEDO
DO SOL
TEM MEDO
DO SEU BRILHO

OS VAMPIROS EMOCIONAIS
NÃO SE ALIMENTAM DE SANGUE,
COMO NA FICÇÃO.
ELES QUEREM A SUA ENERGIA.
PODEM SER COBRADORES
AGRESSIVOS, CRÍTICOS
SISTEMÁTICOS, RECLAMADORES,
FALADORES COMPULSIVOS,
ADULADORES E INVEJOSOS.
APROXIMAM-SE PRA
APROVEITAR DO SEU BRILHO
OU TENTAR APAGÁ-LO.
ESTEJA ATENTO QUANDO
SEGUIR O "BRILHE A VOSSA LUZ".
POUCOS SÃO AQUELES QUE
EXPERIMENTAM ALEGRIA
COM A NOSSA FELICIDADE.

PROTEJA-SE!

VAI ACONTECER DE
PESSOAS TENTAREM
LHE CONVENCER
QUE VOCÊ NÃO IRÁ
A LUGAR ALGUM COM
SEU CONJUNTO DE TALENTOS
E FRAQUEZAS.
NINGUÉM PRECISA SER
EXTRAORDINÁRIO PRA
SER FELIZ, MAS TAMBÉM NÃO
PRECISA ACREDITAR NA MISÉRIA
MORAL DE QUEM TORCE
CONTRA SEUS
SONHOS.

É DIANTE DA QUEDA,
DA INGRATIDÃO E DA INVEJA
QUE VOCÊ APRENDE A SER
MAIS FORTE. NÃO RETRIBUINDO,
MAS EXERCITANDO O QUE HÁ
DE MELHOR EM VOCÊ CONTRA
O QUE HÁ DE PIOR NO MUNDO.
APÓS CADA TEMPESTADE VOCÊ
RENASCE MAIS FORTE.

CONTINUE

NÃO TRATE COMO **STORIES** QUEM TE TRATA COMO **FEED**

COMECE A DAR MORAL
A QUEM LHE VALORIZA
E PARE DE MENDIGAR
AFETO E ATENÇÃO DE
QUEM NÃO ESTÁ NEM AÍ
PRA VOCÊ.

ÀS VEZES, A INTIMIDADE
NOS DISTRAI E NÃO DAMOS
O NOSSO MELHOR
PRA QUEM
REALMENTE IMPORTA.

COLOQUE CADA COISA
DA SUA VIDA NO
LUGAR CORRETO.

PARE PRA PENSAR SE
SEU RANKING DE AFETO
NÃO ESTÁ INVERTIDO.

SÓ SOMOS NÓS MESMOS POR CAUSA DOS OUTROS

Entre alegrias e tristezas; entre gente maravilhosa que aparece feito anjo e gente maldosa que deu o seu melhor pra nos ver sucumbir; somos quem somos por causa das nossas relações.

GRATIDÃO

por quem dividiu comigo as alegrias, tornando-se a razão dos meus melhores dias. Sou grato também a quem foi desleal, maledicente, malicioso ou perverso comigo. Com uns aprendi a amar mais, com outros aprendi **a me amar mais**.

ENQUANTO
O QUE
VOCÊ POSSUI
FOR INVISÍVEL
AOS SEUS
OLHOS
QUALQUER
NOVIDADE
SERÁ UMA
ARMADILHA

SE VOCÊ DEIXAR A ROTINA LHE CEGAR AS PAISAGENS, OS AMORES E AS ALEGRIAS, SUA VIDA SERÁ TOMADA PELOS DESERTOS FANTASIADOS DE OÁSIS, PELAS ILUSÕES DISFARÇADAS DE VERDADE E PELAS EUFORIAS DISFARÇADAS DE FELICIDADE.

PRECISAMOS ESTAR ATENTOS E GRATOS AO QUE É NOSSO, ==ANTES QUE A VIDA NOS ENSINE A VALORIZAR O QUE PERDEMOS.==

A AVALIAÇÃO QUE
FAZEM SOBRE VOCÊ
NÃO IMPORTA MUITO
VOCÊ NÃO É

UBER ESPIRITUAL

PRA COLECIONAR
5 ESTRELINHAS
DE QUEM NÃO
GOSTA NEM
DE SI MESMO

Não espere a aprovação dos outros pra tudo que você faz

Algumas pessoas não aceitam nem a si mesmas Não espere que elas apoiem suas lutas e seus sonhos

BONDADE NÃO É CONSUMAÇÃO É EDUCAÇÃO

SER BOM NÃO
VEM DE BERÇO

TEM GENTE QUE SEMPRE
TEVE TUDO NA VIDA

MAS NUNCA
TEVE VALORES

O IMPORTANTE NÃO É TER INIMIGOS, É NÃO SER INIMIGO DE NINGUÉM

DIVALDO FRANCO

A ingenuidade nos faz pensar que a maldade e os opositores aparecem apenas quando estamos diante de conflitos, mas isso não é a realidade. Experimente fazer o bem, ou se interessar em defender as minorias que irá compreender. Os inimigos virão sem qualquer ofensa pessoal ou maldade de sua parte.

O QUE IMPORTA É NÃO SER INIMIGO DE NINGUÉM

TODA PESSOA GRANDIOSA
TEM UM PROPÓSITO
TALVEZ O VAZIO QUE SINTA
HOJE SEJA O SEU EU

GIGANTE

PEDINDO PASSAGEM
PARA A SUA
MELHOR VERSÃO

Tem gente que acha que ser feliz e bem sucedido é ganhar dinheiro, ser promovido no trabalho ou representar um papel social qualquer
para ser reconhecido.

SER FELIZ MESMO É TER BONS RELACIONAMENTOS.

OU
SOMA

OU
SOME

QUEM NADA ACRESCENTA
PODE SE RETIRAR.
NESSA VIDA, ESTAMOS
TODOS PRA SOMAR.
SE FOR SUBTRAIR, PODE
PROCURAR OUTRO LUGAR.

É DE PROPÓSITO

A VIDA VAI TRAZER DE VOLTA PROVAS ANTIGAS PRA SABER SE VOCÊ APRENDEU A LIÇÃO

RODA DA VIDA

É preciso estar preparado para as provas que voltam para nos desafiar e confirmar nosso aprendizado

às vezes, se

retirar

é o melhor a fazer

É PRECISO TER SABEDORIA
PRA PERCEBER A HORA
DE SE RETIRAR

PRA NÃO PERMANECER
EM SITUAÇÕES QUE
ALIMENTAM NOSSAS
RECLAMAÇÕES E TRISTEZA

RETIRAR-SE PODE SER
A MELHOR SAÍDA OU
A MAIS SÁBIA DECISÃO
PRA UM BEM MAIOR

AMIZADE É PRA GOSTAR NÃO PRA GASTAR

O segredo
pra se manter uma amizade é
**Gostar dela
e não "Gastar ela".**
Não podemos ser um peso
na vida dos nossos amigos.
Cada um está vivendo
suas próprias lutas.
Precisamos respeitar isso.
Por essa razão conhecemos
gente que está sempre
acompanhado do melhor
amigo dos últimos tempos,
da última semana.
Ser leve ajuda a manter
nossas amizades.
**Não cobre
e não pese.**

AMOR BOM

É AQUELE EM QUE A GENTE VÊ OS DEFEITOS DA PESSOA E AINDA ASSIM FICA, PORQUE SABE QUE NÃO É FALTA DE CARÁTER, QUE É A HUMANIDADE DO OUTRO

AMAR
"APESAR DE" E NÃO "POR CAUSA DE"

Dizem que os opostos se atraem, mas a gente sente conforto mesmo na similaridade. Buscamos nos outros a perfeição que não possuímos ou replicamos modelos de relações destrutivos que reconhecemos como familiares.

Não existe isso de "dedo podre" a gente aceita o amor que acredita que merece.

O que começa por coincidências só permanece encarando as diferenças.

RECONHECER A HUMANIDADE DE QUEM AMA É A FORMA MAIS GENUÍNA DE AMAR.

DIFICILMENTE ALGUÉM CONSEGUIRÁ ASSUMIR ALGUM COMPROMISSO ENQUANTO SEUS INTERESSES FOREM MAIORES QUE OS SEUS VALORES

Não se importe com quem fica pelo caminho. Algumas pessoas vivem de interesses, não de sonhos. Sonhos envolvem pessoas às conquistas e interesses exigem aquisições de coisas.

SONHOS CONSTROEM LAÇOS E INTERESSES OS DESTROEM

A CARÊNCIA
INVENTA AMOR,
INVENTA VONTADE,
INVENTA RECIPROCIDADE

**NÃO SE
MACHUQUE
COM SUAS
INVENÇÕES**

ALIMENTE SUA AUTONOMIA E SEU AMOR PRÓPRIO

Assim, quando estiver frágil, mais sensível à solidão ou à falta de carinho, não vai confundir atenção com afetividade, sexo com amor e presença com fidelidade e respeito.
Você não deveria se submeter a más companhias ou se cercar de gente com valores duvidosos, por carência.

ESTEJA ATENTO ÀS SUAS EMOÇÕES

CORAÇÃO QUE BLOQUEIA E DELETA FICA VICIADO A NÃO SE APEGAR

EM TEMPOS DE REDES SOCIAIS PODEMOS BLOQUEAR, DELETAR E DESCONECTAR O QUE NOS DESAGRADA.

O NOSSO CORAÇÃO NÃO PODE SE ACOSTUMAR COM A INFANTILIDADE EMOCIONAL DO MUNDO ONLINE.

NA VIDA REAL NÃO SE BLOQUEIA OU SE DELETA O QUE NOS DESAGRADA.

PRECISAMOS FAZER ESCOLHAS E APRENDER A CONVIVER COM ELAS.

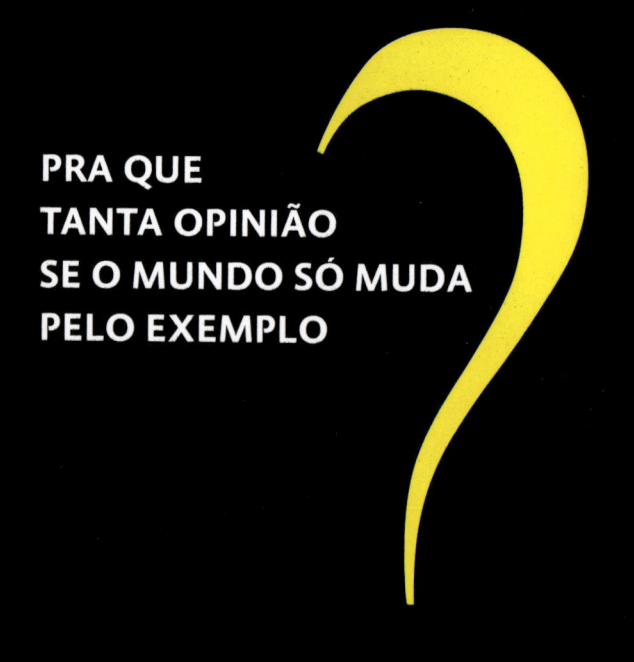

**PRA QUE
TANTA OPINIÃO
SE O MUNDO SÓ MUDA
PELO EXEMPLO?**

As redes sociais nos revelaram novos talentos, mas também deram voz à ignorância. Na verdade, estamos precisando mais de exemplos do que de palavras. O tempo dos discursos passou. Por isso precisamos ser a mudança que queremos ver no mundo.

**GENTE TÓXICA
NÃO É IGUAL A
TRALHA QUE VOCÊ
ACUMULA EM CASA
E ESQUECE**

**DESAPEGA E
DEVOLVE PARA
O UNIVERSO**

PESSOAS TÓXICAS QUEREM
TENTAR LHE CONVENCER
A DESISTIR DOS SEUS SONHOS.

QUEREM DIMINUIR VOCÊ E
AFASTAR PESSOAS IMPORTANTES
DA SUA VIDA.

CONCENTRAM-SE APENAS EM SEU
PRÓPRIO PLANO PESSOAL.

PARA ELAS, VOCÊ É SÓ PARTE
DE UM PROJETO.

SÃO INFIÉIS, MANIPULADORAS
E JOGAM COM SUAS EMOÇÕES
SIMULANDO DESENTENDIMENTOS
E RECONCILIAÇÕES PARA GANHAR
RELEVÂNCIA NA SUA VIDA.
NÃO TENHA PENA,
BOTE TUDO PARA FORA.

**VAI DOER,
VAI SER ESTRANHO,
MAS LOGO PASSA.**

**COOPERAR
>
COMPETIR**

QUEM AINDA NÃO APRENDEU ISSO ESTÁ PRESO NO PASSADO

Segundo o Fórum Econômico
Mundial a Cooperação é uma das
10 mais importantes habilidades
que um profissional precisa
ter pra ser bem sucedido.

Aquela inteligência que passa o
outro pra trás, que foca no resultado
a qualquer custo sem Empatia e sem
pensar sistemicamente, ficou pra trás.

Esse é um modelo mental
residual do passado que
ainda habita algumas empresas,
líderes e instituições.

**A Empatia vai
mudar o mundo.**

PRATIQUE O NÃO JULGAMENTO

VIVEMOS JULGANDO OS OUTROS A CADA MOMENTO.

Esse péssimo hábito ocupa a nossa mente com pensamentos inquietantes e prejudica nosso equilíbrio mental, afetando nossa produtividade e até mesmo nossa capacidade empática.

Pratique o não julgamento por pelo menos um dia. Policie a sua mente.

Quem **importa** é quem se **importa** conosco

Importar-se em excesso com a opinião dos outros pode nos trazer cansaço mental e desequilíbrio espiritual.

É preciso focar nossas energias em cuidar mais de quem nos ama, assim devolvemos em gratidão o amor que recebemos.

O BEM QUE VOCÊ FAZ TEM QUE SER SILENCIOSO

A CARIDADE PODE GERAR MAIS INVEJA E FOFOCA DO QUE A MAIOR BESTEIRA QUE VOCÊ JÁ FEZ NA VIDA

Os sábios recomendam que as nossas boas ações sejam discretas.
Parece um lição pra nos proteger de nossa vaidade, mas o alcance é bem maior.

**FAÇA O BEM EM SILÊNCIO.
O MAL TEM
O SONO LEVE
E A PREGUIÇA
É INVEJOSA**

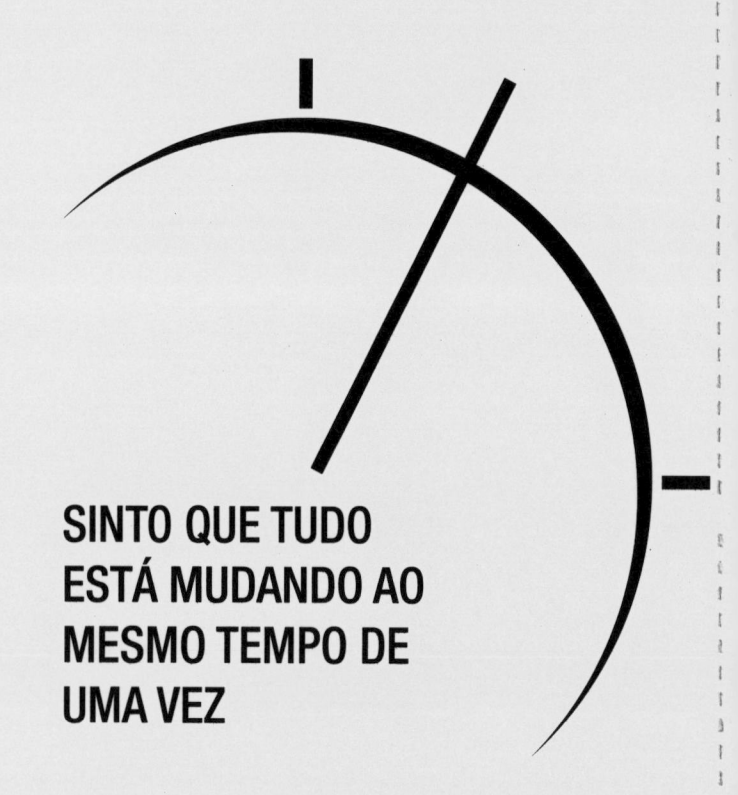

SINTO QUE TUDO ESTÁ MUDANDO AO MESMO TEMPO DE UMA VEZ

E EU ESTOU MUDANDO TAMBÉM

HÁ QUEM DIGA ATÉ QUE O RELÓGIO TEM GIRADO MAIS RÁPIDO QUE ANTIGAMENTE.

ESTAMOS NO MEIO DE UM MUNDO EM MUDANÇAS, INCERTEZAS, RELACIONAMENTOS LÍQUIDOS E COMPLEXIDADE DE ESCOLHAS.

TAMBÉM TEM MUITA LUZ E AMOR SENDO **ESPALHADOS POR AÍ.**

VOCÊ PODE FICAR POR PERTO E PERCEBER QUE ESTÁ MUDANDO TAMBÉM.

AMAR**CURA**

A AMARGURA É O SINTOMA
CAUSADO POR UMA PARTE DO CORAÇÃO
QUE PETRIFICOU.

POR CAUSA DE UMA DECEPÇÃO,
A ALMA PODE CONGELAR.

PODE FICAR CEGA E CRÍTICA
COM A FELICIDADE DOS OUTROS.

A AMARGURA É A MÃE DA INVEJA
E DA INGRATIDÃO.

AO MENOR SINAL DE AMARGURA
NA ALMA OU NAS SUAS LEMBRANÇAS,
EXPERIMENTE AMAR.

AMAR CURA.

SEJA A PESSOA QUE NÃO FORAM PRA VOCÊ

NÃO PERMITAMOS QUE O MAL DOS OUTROS LIBERTE A NOSSA PIOR VERSÃO. ESTAMOS AQUI PRA APRENDER E SEMEAR VIRTUDES. O RESTO É PURA ILUSÃO. UMA HORA O MAL VOLTARÁ SOZINHO A SUA ORIGEM SEM PRECISAR DE NOSSAS MÃOS.

PARECER

TORNOU-SE MAIOR DO QUE SER

EM UMA SOCIEDADE QUE
VEM HIERARQUIZANDO
A VISÃO COMO O MAIS
IMPORTANTE DOS SENTIDOS É
PRECISO LEMBRAR QUE A
VERDADEIRA MUDANÇA
É INTERIOR.

QUER MUDAR
SUA VIDA PRA MELHOR?
NÃO ADIANTA COMPRAR
ROUPA CARA, MUDAR O CABELO
OU SEGUIR GURU DA MODINHA.
EXPERIMENTE SAIR DE PERTO DE
ALGUMAS PESSOAS.

A SOCIEDADE EXIGE QUE AS MULHERES TRABALHEM COMO SE NÃO TIVESSEM FILHOS E SEJAM MÃES COMO SE NÃO TRABALHASSEM FORA

NÃO IMPORTAM AS CRÍTICAS
E COBRANÇAS QUE
VÊM POR TODO LADO.
TEM HORA QUE SE FAZ
NECESSÁRIO SILENCIAR O
TUMULTO DO MUNDO.

NO CAMPO DA CONVIVÊNCIA
O NÚMERO DE CRÍTICOS
SEMPRE SERÁ MAIOR DO
QUE O DOS APOIADORES.

POUCOS IRÃO RECONHECER
SEU ESFORÇO E TALENTO
EM LIDAR COM SUAS
RESPONSABILIDADES,
SAIBA QUE ALGUMAS
PESSOAS NÃO VEEM
BONDADE E NOBREZA EM
QUALQUER SITUAÇÃO.

EM UM MUNDO DE APARÊNCIAS NENHUM VAZIO RESISTE A UM POUCO MAIS DE OBSERVAÇÃO

SINTONIZE COM A SUA INTUIÇÃO

A LIQUIDEZ DO INDIVIDUALISMO SÓ TEM COMO LINHA DE CHEGADA

O VAZIO E A SOLIDÃO

NEM TODO
MUNDO QUE VOCÊ
CONSIDERA

TEM A MESMA
CONSIDERAÇÃO
POR VOCÊ

consideração

respeito ou estima que se demonstra por algo ou alguém

Não espere do outro aquilo que não pode lhe dar.

CONSIDERE-SE

PODE GUARDAR SEU ESTOQUE DE

ME DESCULPE

A PARTIR DE AGORA
SÓ ACEITO MUDANÇA DE ATITUDE

MUDE OU SE MUDE

QUEM VALORIZA CUIDA,
SE DEDICA, RECONHECE.
RELAÇÕES ADULTAS E
SÉRIAS SÃO BASEADAS
EM ATITUDES,
EM DISCURSOS
SEGUIDOS POR
AÇÕES VERDADEIRAS.

ÀS VEZES,
SE VOCÊ DESOBEDECER,
PODE DAR CERTO.
ESCUTE O SEU

CORAÇÃO

Há um olhar que sabe
discernir o certo do errado
e o errado do certo.
Há um olhar que enxerga
quando a obediência significa
desrespeito e a desobediência
representa respeito.
Há um olhar que reconhece
os curtos caminhos longos
e os longos caminhos curtos.
Há um olhar que desnuda,
que não hesita em afirmar que
existem fidelidades perversas
e traições de grande lealdade.
Este olhar é o da alma.

Nilton Bonder

ESCUTAR NÃO NÃO É UMA AMEAÇA

SEJA CAPAZ DE LIDAR COM UMA CONVERSA DIFÍCIL

É IMPORTANTE APRENDER
A CONVIVER COM QUEM
DISCORDA DE NÓS.
TAMBÉM É IMPORTANTE
MANTER O EQUILÍBRIO
QUANDO ENCONTRAMOS
PESSOAS INCAPAZES DE VIVER
UMA RELAÇÃO SAUDÁVEL
E OUVIR NOSSO PONTO
DE VISTA.
QUE O PARCEIRO NARCISISTA
NÃO LHE TRANSFORME EM
UMA PESSOA TRISTE.
QUE O CHEFE MENTIROSO
NÃO LHE TRANSFORME EM
UM CONSPIRADOR.
QUE O FILHO INGRATO NÃO
LHE TRANSFORME EM UMA
PESSOA AMARGA.
**QUE O NOSSO MELHOR NÃO
SEJA AFETADO PELO PIOR
DOS OUTROS.**

SE A VIDA DISSER

NÃO

VOCÊ ESTÁ PRONTO
PRA SER

GRATIDÃO?

Derrotas algumas vezes se travestem de vitórias. Contudo, vitórias também se fantasiam de derrotas pra que possamos aprender a lição.

PARE DE CHAMAR DE CORRERIA A SUA FALTA DE AFETO

DESCULPAS NÃO CRIAM PRIORIDADES

DESCULPAS NÃO CONSTROEM LAÇOS

Vivemos evocando essa tal
correria
Ela é a desculpa atual pra não valorizar o laço familiar com a devida atenção
Pra não amparar o amigo na dificuldade
Pra não lembrar de Deus
Pra não cuidar de si próprio
Por mais que essa
correria
tente sabotar o que é mais importante, não permita
Mostre amor e apreço
pra quem é de fato essencial em sua vida

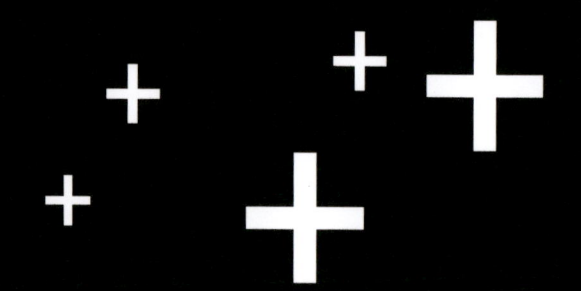

VOCÊ NÃO
É CEMITÉRIO DAS
MORTES EMOCIONAIS
DE NINGUÉM

AME-SE

Somos responsáveis pelo amor que damos e ainda podemos dar.

Não somos culpados pelo desamor que alguém recebeu na vida.

Tem gente que cruza com gente errada e decide fazer do presente uma revanche de suas escolhas anteriores equivocadas.

Não aceite isso.

TODO
SOFRIMENTO TEM
DOR

MAS NEM TODA
DOR
TEM
SOFRIMENTO

A DOR É EXISTENTE E INEVITÁVEL, MAS NEM SEMPRE LEVA AO SOFRIMENTO

O sofrimento é a interpretação mental do fato, é o apego à dor. Ter essa consciência impede que a vitimização paralise a vida, ofuscando o potencial de realização.

EDUQUE-SE COM A SUA DOR

PARA AS COISAS QUE DERAM ERRADO NA VIDA, DIGA APENAS OBRIGADO

Quando você olha para o passado percebe que muita coisa deu errado para você viver as melhores histórias da sua vida.

O maior erro tem o poder de tornar-se o maior aprendizado.
A maior dor tem a didática da lição mais importante.
A maior queda foi o incentivo ideal para o melhor salto da sua vida.
Diga obrigado pelas suas derrotas. Elas construíram a sua melhor versão.

Se a plenitude ainda não chegou, se a alegria parece atrasada, espere mais um pouco que o melhor está por vir.

VOCÊ SÓ VAI SABER DE FATO SE UMA PESSOA É **DO BEM** NO DIA QUE DISCORDAR DELA

CERCAR-SE DE BAJULADORES É O CAMINHO MAIS CURTO PARA O FRACASSO.

Uma pessoa boa não apoiará quando você estiver prejudicando alguém, sendo irresponsável ou sabotando a própria felicidade.

Quem faz isso são inimigos disfarçados ou pessoas sem compromisso com você.

Aprenda também a gostar de quem discorda de você.

NÃO É
PACIÊNCIA E RESILIÊNCIA
QUE SÃO OS SEGREDOS
PRA SE MANTER
UM RELACIONAMENTO
É A
EMPATIA

PACIÊNCIA E RESILIÊNCIA são importantes, mas podem se transformar em estoque de tristeza e amargura que, em algum momento, explodem em forma de solidão ou ações inconsequentes.
Apenas a EMPATIA é capaz de encontrar familiaridade nas singularidades do AMOR. Cultivando a habilidade de se colocar no lugar do outro seremos capazes de manter responsabilidade e dedicação, essenciais nas relações adultas.

POR QUE VOCÊ TEM QUE ACEITAR **MEIO AMOR** SE VOCÊ É UMA PESSOA INTEIRA?

NÃO ACEITE METADE DE AFETO, AGRESSÕES JUSTIFICADAS PELO BEM QUERER, OU DESPREZO DISFARÇADO DE **CHARMINHO** OU VEM COMO MUITO AMOR OU VAZA COM SUA DOR.

NA VIDA, NÃO SE PREOCUPE EM DAR TROCO A NINGUÉM

NA VOLTA, TODO MUNDO PAGA INTEIRA

Você não precisa retribuir quando alguém lhe faz algum mal. A vida é uma exímia cobradora.

O mundo anda tão complexo que poucas vezes encontramos tempo pra nos dedicar a quem amamos, pra quê perder tempo com quem nos quer mal?

Deixe a vida cobrar inteira na volta. Ninguém escapa da lei de ação e reação.

NUNCA DIMINUA O SEU TAMANHO

PRA CABER NO BOLSO DE ALGUÉM

AMPLIFIQUE-SE

Seja humilde, mas negue-se a ser **diminuído**.
Tenha consciência de quem você é: uma pessoa única, resultado de um conjunto de vivências e esforços daqueles que lhe amam.

Você é muito grande pra caber no bolso da pequenez da alma de alguém.

NÃO HÁ **PLENITUDE** NAS RELAÇÕES HUMANAS SEM ESFORÇO MÚTUO

Qualquer relação humana precisa de dedicação mútua

Quem fala:

EU AMO TANTO QUE AMO POR DOIS

vive uma fantasia

Ninguém ama pelo outro

Abra o olho

A renúncia ao desejo que lhe aprisiona pode ser a plenitude que você sonha

Deixe ir.

Não há mais tempo a perder.
O caminho pode se tornar mais longo e a estrada mais solitária, mas você chegará onde sonha.
Libertar-se do que atrasa a nossa vida é essencial.

A felicidade tem hora marcada!

Não há qualquer razão para atrasos.

OS FILHOS DEVERIAM ENXERGAR OS MAIS VELHOS COMO SÁBIOS, DA MESMA FORMA QUE SEUS PAIS ACREDITAVAM QUE ELES ERAM GÊNIOS QUANDO AINDA NEM SABIAM FALAR

OS OLHOS DO AMOR
NOS VIGIARAM
E VELARAM O
NOSSO SONO

TEMOS A OBRIGAÇÃO
DE OLHAR ESSES OLHOS,
ENCONTRAR SABEDORIA
E EXPRESSAR NOSSA

GRATIDÃO

PEQUENAS MENTIRAS NÃO CABEM EM GRANDES CORAÇÕES

A SOCIEDADE COBRA QUE SEJAMOS FORTES. POR ISSO, MUITAS VEZES FALAMOS QUE ESTAMOS BEM QUANDO ESTAMOS MAL E SORRIMOS QUANDO ESTAMOS TRISTES.

É PRECISO SER CORAJOSO PRA MOSTRAR-SE VULNERÁVEL.

SE NEGAR A DEIXAR DE SER VOCÊ MESMO PRA PRESERVAR AS SUAS RELAÇÕES SAUDÁVEIS E VERDADEIRAS.

QUEM AINDA PRECISA **ATUAR** AO LADO DAS PESSOAS QUE AMA DEVE REFLETIR SOBRE O TIPO DE AMOR QUE ACREDITA QUE MERECE PRA SI.

TODOS MERECEM SER AMADOS COMO SÃO, OU NÃO VALE A PENA.

COMO SER **GRANDE** QUANDO VOCÊ ACHA QUE NÃO PODE SER?

TENTE ATÉ CONSEGUIR

SE NÃO CONSEGUIR SOZINHO
PEÇA AJUDA

O primeiro passo pra nos tornarmos o que sonhamos é acreditar que podemos.

SE VOCÊ AINDA ACHA QUE SEUS SONHOS SÃO MUITO ALTOS, aja como se eles fossem se realizar de fato. Se não conseguir fazer isso sozinho, peça ajuda a quem você ama. Seja sempre a sua melhor versão.

O MUNDO CONTA COM ISSO.

DECLARAR-SE **RELIGIOSO** NÃO É UM ATESTADO DE HABILITAÇÃO MORAL PRA QUALQUER SER HUMANO

Precisamos lembrar que não é suficiente apenas falar sobre o **CRISTO**, isso muita gente já faz. Precisamos mesmo é viver como Ele ensinou. Isso poucos fazem. Vale pra todas as crenças e seus profetas.

AÇÕES > PALAVRAS

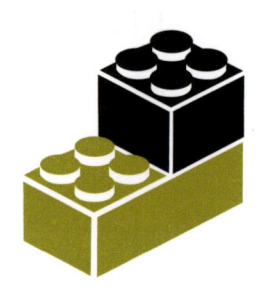

O NOME DO ENCAIXE
DE PARTES
PERFEITAMENTE
COMPLEMENTARES
É LEGO
~~AMOR É SINTONIA~~

O AMOR ENCAIXA MELHOR
NA BELEZA DA ASSIMETRIA
DAS PARTES DO QUE
NA BUSCA ETERNA
DA PERFEIÇÃO.

ESSA BUSCA FICCIONAL
ESCONDE A AUTOPROCURA
E A INCOMPREENSÃO DE
NOSSAS EMOÇÕES.

AS NOSSAS DIFERENÇAS
SÃO NOSSAS FORTALEZAS.
A EMPATIA E A DEDICAÇÃO
SÃO PARTES DA JORNADA
INCRÍVEL DO AMOR.

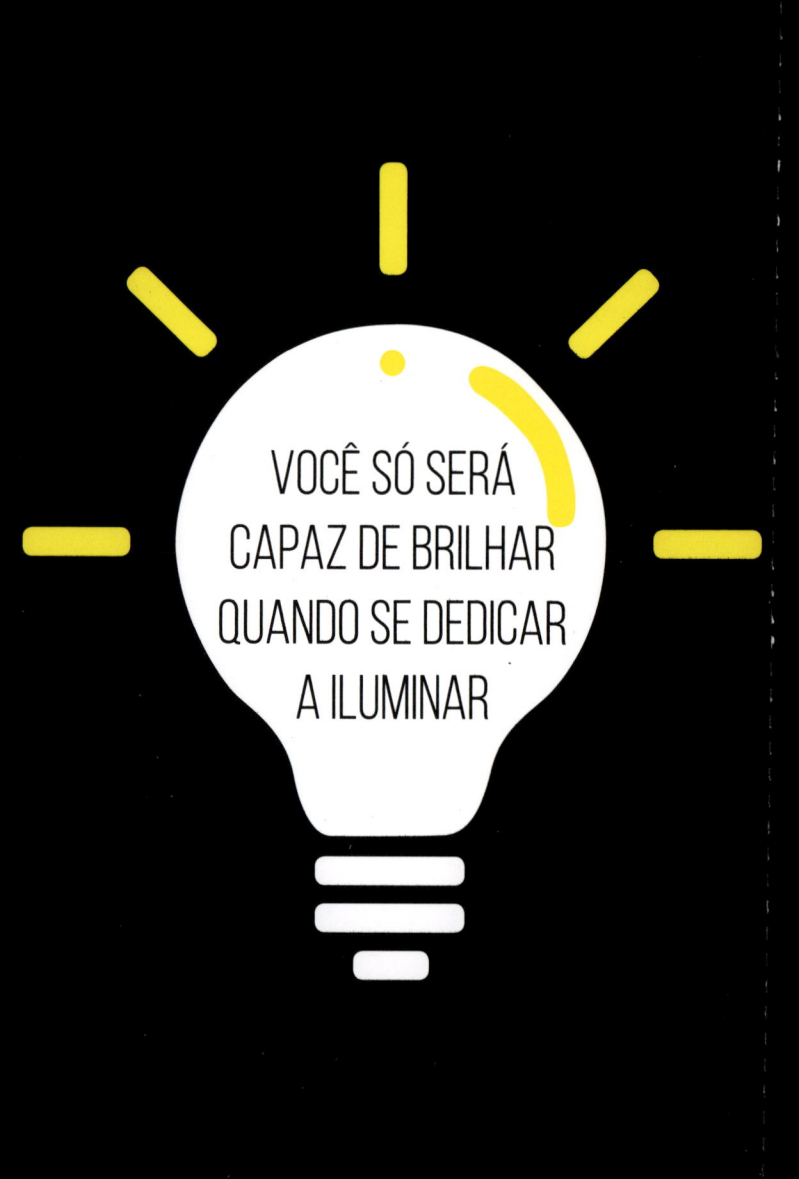

VOCÊ SÓ SERÁ CAPAZ DE BRILHAR QUANDO SE DEDICAR A ILUMINAR

Não é sobre não se preocupar com a própria jornada e êxito pessoal, é sobre o sucesso individual estar a serviço do bem de todos.

ILUMINAR > BRILHAR

NEM TODO MUNDO QUE DISCORDA DE VOCÊ QUER O SEU FRACASSO

NEM TODO MUNDO QUE CONCORDA COM VOCÊ DESEJA O SEU SUCESSO

APRENDA ISSO

Às vezes, quem nos quer genuinamente bem pode nos causar desconforto, outras vezes palavras doces e apoio incondicional podem esconder armadilhas.

SEJA GENTIL

COM QUEM NÃO FOI GENTIL COM VOCÊ

EM TEMPO DE
TANTA ANTIPATIA
SIMPATIA
É QUASE
AMOR

VIVEMOS UM TEMPO
NO QUAL A ANTIPATIA
VIROU ESCALA
DE ESCOLHAS

EU QUERO QUE O MUNDO
VOLTE A SER DA SIMPATIA
EU QUERO QUE TODO
MUNDO VOLTE A TORCER
POR QUEM GOSTA MAIS
POR QUEM PENSA SEMELHANTE
POR QUEM PARECE AMAR
AS MESMAS COISAS

O MUNDO DAS "IAS"

EMPATIA, SIMPATIA, HARMONIA E **SINTONIA**.

A VIDA SÓ
MUDA,
SÓ MELHORA,
QUANDO
SOMOS
CAPAZES DE
TRANSFORMAR
COMPREENSÃO
EM
MOTIVAÇÃO

A compreensão das coisas que acontecem ao nosso redor só tem valor quando se transforma em força motriz de mudança pra nossa vida.

Às vezes, um empurrão leva a uma queda, outras vezes pode nos levar ao maior voo.

Na dúvida, ignore os joelhos ralados, abra os braços e olhe para o alto.
Entregue, Aceite e Confie.
Você vai chegar ao seu melhor.

> VOCÊ NÃO É TODO MUNDO!
>
> ASS: MÃE

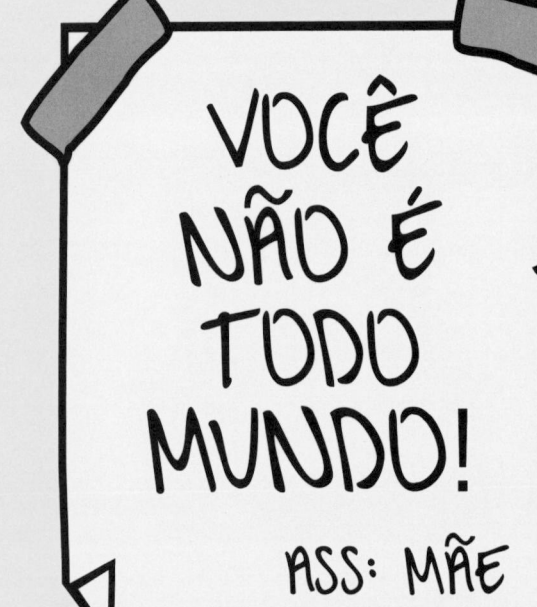

SOMOS ÚNICOS POR CAUSA DAS NOSSAS ESCOLHAS E VIVÊNCIAS.

HOJE EM DIA, SER VOCÊ MESMO É UM LUXO.

A SUA MÃE ESTAVA CERTA!

EM
TEMPO CHEIO
DE BOAS
INTENÇÕES
QUEM TEM
UMA ATITUDE
BOA VALE POR
MIL

Palavras
e pensamentos
têm poder,
mas o que
muda
o mundo é
ATITUDE

VOCÊ SE PREOCUPA COM O AÇÚCAR QUE CONSOME

EXERCITA O SEU CORPO **E LEMBRA DE ORAR TODA NOITE**

TENHA O MESMO CUIDADO NA HORA DE ESCOLHER AS SUAS RELAÇÕES

VOCÊ PODE ATÉ NÃO SER A MÉDIA DAS 5 PESSOAS COM QUEM MAIS CONVIVE, MAS PRECISA ESCOLHER BEM AS SUAS COMPANHIAS. **ASSOCIE-SE COM GENTE BOA. RELACIONE-SE COM PESSOAS SAUDÁVEIS E DE BOA ÍNDOLE.** NO TRABALHO, SEJA PARTE DO GRUPO QUE FALA SOBRE REALIZAÇÕES. AFASTE-SE DE QUEM NÃO AGREGA.

ENTENDER NÃO É ACEITAR

SER RESILIENTE
NÃO É SER CONFORMADO

A VIDA SÓ MUDA, SÓ MELHORA, QUANDO SOMOS CAPAZES DE TRANSFORMAR COMPREENSÃO EM MOTIVAÇÃO

ENTENDER É LUCIDEZ
ACEITAR É RECOMEÇO

NÃO EXISTE NENHUMA PESSOA QUE TENHA NASCIDO COM A PREDESTINAÇÃO DE NÃO SER AMADA. NÃO HÁ NENHUMA VOCAÇÃO DO SER HUMANO QUE SEJA REALIZADA NO SOFRIMENTO.

**AMAR É NOSSA RAZÃO
NOSSA CAMINHADA
E NOSSO DESTINO**

A gente aceita o amor
que acha que merece

Não é carma e nem
missão mudar a
miséria moral alheia.
Já temos nossas lutas
internas pra vencer
e nos tornarmos
pessoas melhores.

AMOR NÃO DÓI
AMOR CURA

SE UM DIA ALGUÉM
TENTOU ROUBAR
SEUS SONHOS,
DEVOLVA EM

ALEGRIA

Não é sorrir para o outro
e ignorar a ferida.
É decidir ser feliz.
É não empoderar alguém
a desconstruir a sua
melhor versão. Eu
devolvo em alegria
por entender que
existe um plano
infinitamente melhor
para a minha vida
do que aquele que eu
acreditava ser o único
caminho. Eu devolvo com
a minha alegria porque sei
que a vida vai sorrir pra mim
de volta. Essa é a lei.

SE NÃO SABE O QUE FAZER
DIANTE DA DOR DO OUTRO?

ORE

A ORAÇÃO É A SOLIDARIEDADE
SILENCIOSA

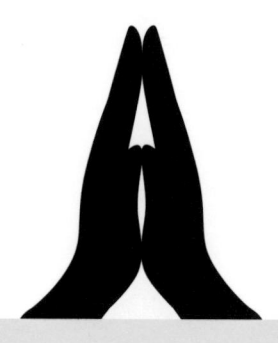

Não importa
se você chama de
ORAÇÃO
REZA
PRECE
ou
ENERGIA BOA
acredite:
vai chegar lá.

"O SEU PRIMEIRO IDIOMA É O SILÊNCIO SEJA FLUENTE NELE"

(MAHARISHI)

SIMPLES DE FAZER, DIFÍCIL DE PRATICAR

Quem nunca caiu nessa armadilha montada pelas próprias deficiências comportamentais? De toda forma o que fica é o aprendizado: o mal, em qualquer parte, não merece comentário. Ser fluente no silêncio nos protege dos barulhos da vida.

DENTRO DE NÓS
TEMOS PEDAÇOS
DO QUE
CONSTRUÍMOS
SOZINHOS
NA VIDA

ENTRELAÇADOS COM PARTES
IMPORTANTES QUE
FORAM HERDADAS DOS
NOSSOS PAIS E AVÓS

TEMOS O DEVER DE RESPEITAR

E AMAR OS MAIS VELHOS

APESAR DE SERMOS FRUTO
DO QUE FOI CONSTRUÍDO
COM MUITO TRABALHO
E ESFORÇO PRÓPRIO,
CARREGAMOS INTIMAMENTE
AS MARCAS PODEROSAS DA
HEREDITARIEDADE.

**POR ISSO, CADA UM DE NÓS
VIVE HOJE, MAS
TAMBÉM VIVE EM OUTROS
TEMPOS AO MESMO TEMPO.**

NÓS SOMOS ELES TAMBÉM

parou

o

mi
mi
mi

PRECISAMOS PARAR
DE TERCEIRIZAR A
RESPONSABILIDADE
DE NOSSAS QUEDAS

PARE DE RECLAMAR E
ASSUMA O PROTAGONISMO
DA SUA VIDA

QUEM SABE ANALISAR AS FORÇAS OPOSTAS AO SUCESSO

SOMOS ESPECIALISTAS EM ENCONTRAR DESCULPAS.

Traumas, traições, tristezas, fobias e falta de oportunidade são causas que apontamos, após, pra justificar a escassez.

Seja na vida profissional, nas relações afetivas ou no equilíbrio espiritual, se você é capaz de compreender as forças negativas, também é capaz de atrair o potencial criador positivo e desenhar um novo amanhã.

CHEGA DE VITIMISMO.

QUEM NUNCA
FOI UM BOM
ÍMPAR
NUNCA SERÁ
UM BOM
PAR

(AUTOR DESCONHECIDO)

Quem não aprende a se amar torna-se incapaz de oferecer amor ao outro. Quem só ama a si mesmo é incapaz de enxergar o amor do outro por causa das lentes espelhadas do narcisismo.
O amor por si mesmo se completa por si só, mas só encontra a plenitude na permuta equilibrada de afeto com o outro.

**VOCÊ SOBREVIVEU
A DERROTAS, AUSÊNCIAS,
MENTIRAS, MALDADE, TRAIÇÕES
E ATÉ SAUDADES.
POR ISSO, NUNCA DUVIDE:
VOCÊ VAI SUPERAR
QUALQUER
TEMPESTADE**

NÓS TEMOS UMA FORÇA INTERIOR CAPAZ DE SUPERAR QUALQUER DESAFIO OU DIFICULDADE

POR ISSO ELE FALOU:
VÓS SOIS DEUSES

O MEU EU DIVINO
SAÚDA O SEU
EU DIVINO

QUEM NÃO É
MOZÃO
DE SI MESMO
VIRA APENAS
CONTATINHO
DOS OUTROS

AME-SE

O PREÇO DE
SE MANTER
UM AMOR
E UMA RELAÇÃO
JAMAIS PODERIA
SER O DA PRÓPRIA
FELICIDADE

O VALOR DAS COISAS

| ANTES DE TER | QUANDO TEM | DEPOIS QUE PERDE |

VALORIZE O QUE **VOCÊ TEM** ANTES QUE A VIDA LHE ENSINE A VALORIZAR O QUE **VOCÊ TINHA.** A VIDA É UMA GRANDE ESCOLA. OBSERVAR SEUS CICLOS NOS TRAZ A SABEDORIA NECESSÁRIA PRA CUIDAR DO QUE REALMENTE IMPORTA.

TER RAZÃO

Não me importo

Primeiro eu

Isso não é comigo

BLÁ BLÁ BLÁ BLÁ

SER EMPÁTICO

- » Sei como sente
- » Conte comigo
- » Preciso ajudar
- » Estou ouvindo

NÃO TENHO TEMPO

NÃO ACEITE ESSA DESCULPA NEM DOS OUTROS NEM DE VOCÊ MESMO

TER TEMPO É ELEGER PRIORIDADES

Não podemos permitir
que o caos escolha
nossas prioridades
após perdas e danos

Prestar atenção
no que é relevante
é tarefa intransferível

Se é certo que tempo
é uma questão de
priorização, também é
fato que ele não para

CONTRATE CARÁTER

TREINE HABILIDADES

PETER SCHULTZ

EU PREFIRO ENSINAR UMA PESSOA BOA A FAZER CONTA

DO QUE UMA PESSOA QUE SABE FAZER CONTA A SER BOA

MEU AMIGO
É QUEM ME
TRATA BEM
QUANDO
NÃO PRECISA
DE MIM

ALERTA

AMIZADES VERDADEIRAS SÃO CONEXÕES IMPERECÍVEIS À PERMUTA DE INTERESSES

SUA
MENTE
MENTE

SEU CORAÇÃO
NÃO

COM O TEMPO VOCÊ VAI ENTENDER QUE MUITA COISA TEM QUE DAR ERRADO PRA SUA VIDA DAR CERTO EDUQUE-SE COM A SUA DOR

A FÉ NOS TRAZ LUCIDEZ PRA SABER QUE ATÉ O QUE PARECE DAR ERRADO É APENAS UMA ETAPA NECESSÁRIA PRA QUE O MELHOR DA VIDA SE REVELE PRA NÓS

EMPATIA
TODO DIA

Editores: *Luiz Saegusa* e *Claudia Zaneti Saegusa*
Direção Editorial: *Claudia Zaneti Saegusa*
Capa: *Felipe Guga*
Projeto gráfico e diagramação: *Rui Joazeiro*
Revisão: *Rosemarie Giudilli*
Finalização: *Mauro Bufano*
3ª Edição: *2020*
Impressão: *Lis Gráfica e Editora*
Copyright Intelítera Editora

Dados Internacionais de Catalogação na Publicação (CIP)
(Câmara Brasileira do Livro, SP, Brasil)

Ribeiro, Jaime
　　Empatia todo dia / Jaime Ribeiro
1. ed. -- São Paulo : Intelítera Editora, 2019.

ISBN: 978-85-7067-019-9

1. Comportamento humano - Aspectos sociais
2. Comunicação interpessoal 3. Empatia - Aspectos sociais 4. Habilidades sociais 5. Liderança
6. Relações interpessoais I. Título.

18-21217   CDD-158.1

Índices para catálogo sistemático:

1. Habilidades sociais e relacionamento interpessoal : Psicologia social   302.14

Cibele Maria Dias - Bibliotecária - CRB-8/9427

Letramais Editora
Rua Lucrécia Maciel, 39 - Vila Guarani
CEP 04314-130 - São Paulo - SP
11 2369-5377
www.letramaiseditora.com.br
facebook.com/letramaiseditora
instagram.com/letramaiseditora

Sobre o ilustrador da capa

Felipe Guga, nasceu no Rio de Janeiro e tem 39 anos. Formado em Design pela Puc Rio, trabalha como ilustrador e design gráfico, tendo seu trabalho reconhecido no Brasil e no exterior.

Já desenvolveu para agências de publicidade importantes como Africa, FNazzca, Mc Cann e Loducca e criou estampas para marcas de moda conceituadas como Farm, Redley, Reserva e outras. Assinou também trabalhos para a Ambev, Rede Globo, Grandene e Coca Cola.

Sua obra é essencialmente *hand made*. Demonstrando uma preocupação maior como o toque humano e analógico no trabalho, se distanciando do uso de recursos tecnológicos que, em sua leitura, tiram a vida e a essência da arte. O erro agregado e a imperfeição no traço é o que torna o trabalho único e com alma.

No ano de 2015 criou uma nova linguagem e jeito de ilustrar com o uso de traços minimalistas, cores primárias e flúor, onde a luz agrega valor e sublinha o conceito das mensagens passadas através das ilustrações. Toda sua obra tem por objetivo a iluminação e ampliação do amor em todas as suas formas e o desenvolvimento da consciência humana e espiritual. Seu perfil no instagram conta com mais de 490 mil seguidores, onde é seguido e repostado por celebridades e sua legião de apreciadores de sua obra. Também é autor do livro "Sorria você está sendo iluminado".

É o único brasileiro que expôs dois anos seguidos no ART RUAs e teve o público recorde em seu estande nas duas edições.

Já fez seis exposições solos em galerias e espaços no Rio de Janeiro como o Studio 512, e Galeria Úmida, todas elas com sucesso de público e 100% das obras vendidas. Seus trabalhos podem ser encontrados nas Galerias Úmida, Artur Fidalgo e LZ studio.

letramais

Para receber informações sobre os lançamentos
da LETRAMAIS EDITORA,
cadastre-se no site

letramaiseditora.com.br

Para saber mais sobre nossos títulos e autores
envie e-mail para:

@ **atendimento@letramaiseditora.com.br**

◎ **instagram.com/letramaiseditora**

ƒ **facebook.com/letramaiseditora**